Impressum
Verlag: BABADADA GmbH, Nedderfeld 112 , 22529 Hamburg
Geschäftsführer / Verlagsleitung: Harald Hof
Druck: Books on Demand GmbH, In de Tarpen 42, 22848 Norderstedt

Imprint
Publisher: BABADADA GmbH, Nedderfeld 112 , 22529 Hamburg, Germany
Managing Director / Publishing direction: Harald Hof
Print: Books on Demand GmbH, In de Tarpen 42, 22848 Norderstedt, Germany

escuela
de School

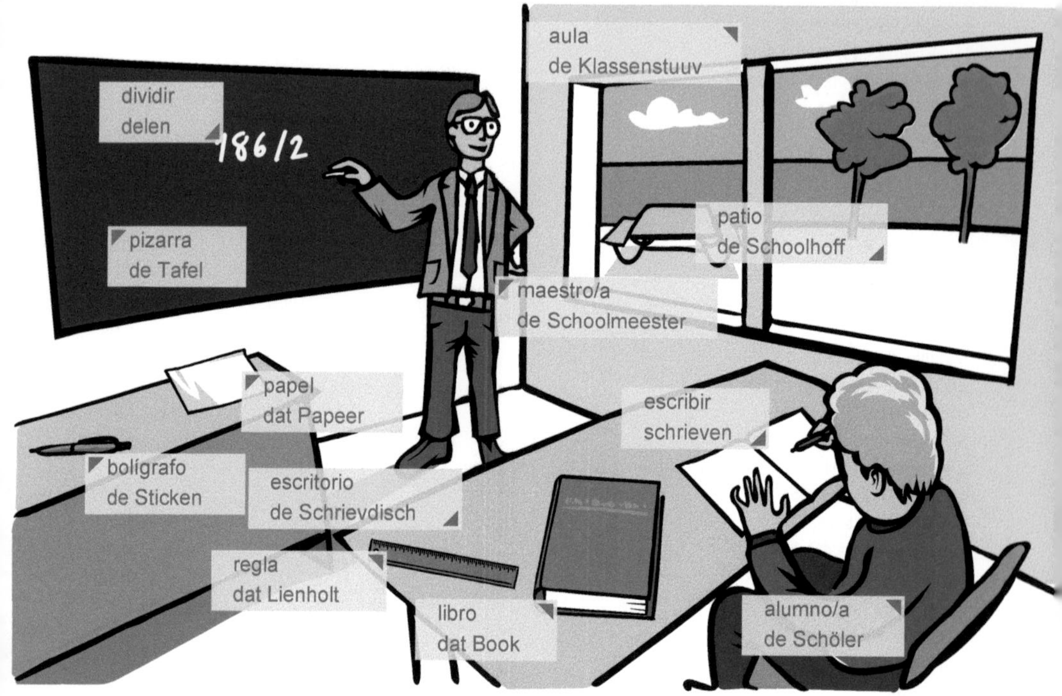
aula
de Klassenstuuv
dividir
delen
186/2
pizarra
de Tafel
patio
de Schoolhoff
maestro/a
de Schoolmeester
papel
dat Papeer
escribir
schrieven
bolígrafo
de Sticken
escritorio
de Schrievdisch
regla
dat Lienholt
libro
dat Book
alumno/a
de Schöler

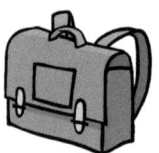

cartera
de Ranzel

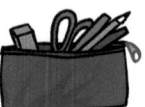

caja de lápices
de Feddermapp

lápiz
de Bleesticken

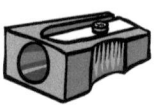

sacapuntas
de Scharpmaker

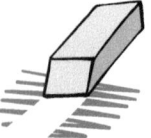

goma de borrar
dat Radeergummi

cuaderno de dibujo
de Tekenblock

dibujo
de Teken

pincel
de Pinsel

caja de pinturas
de Malkassen

tijeras
de Scheer

pegamento
de Klever

cuaderno de ejercicios
dat Heft to'n Öven

deberes
de Huusopgaav

número
de Tall

sumar
tohooptellen

restar
aftrecken

multiplicar
malnehmen

calcular
reken

letra
de Bookstaav

alfabeto
dat ABC

palabra
dat Woort

texto
de Text

leer
lesen

tiza
de Kried

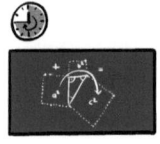

lección
de Stunn

cuaderno de notas
dat Klassenbook

examen
de Pröven

certificado
dat Tüügnis

uniforme escolar
de Schooluniform

educación
de Utbillen

enciclopedia
dat Nakieksel

universidad
de Universität

microscopio
dat Mikroskop

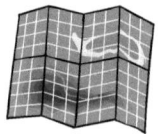

mapa
de Koort

papelera
de Papeerkorf

viaje
de Törn

hotel
dat Hotel
Grand
albergue
de Harbarg
ROOMS
EXCHANGE
oficina de cambio de divisas
de Wesselstuuv
maleta
de Kuffer
coche
dat Auto

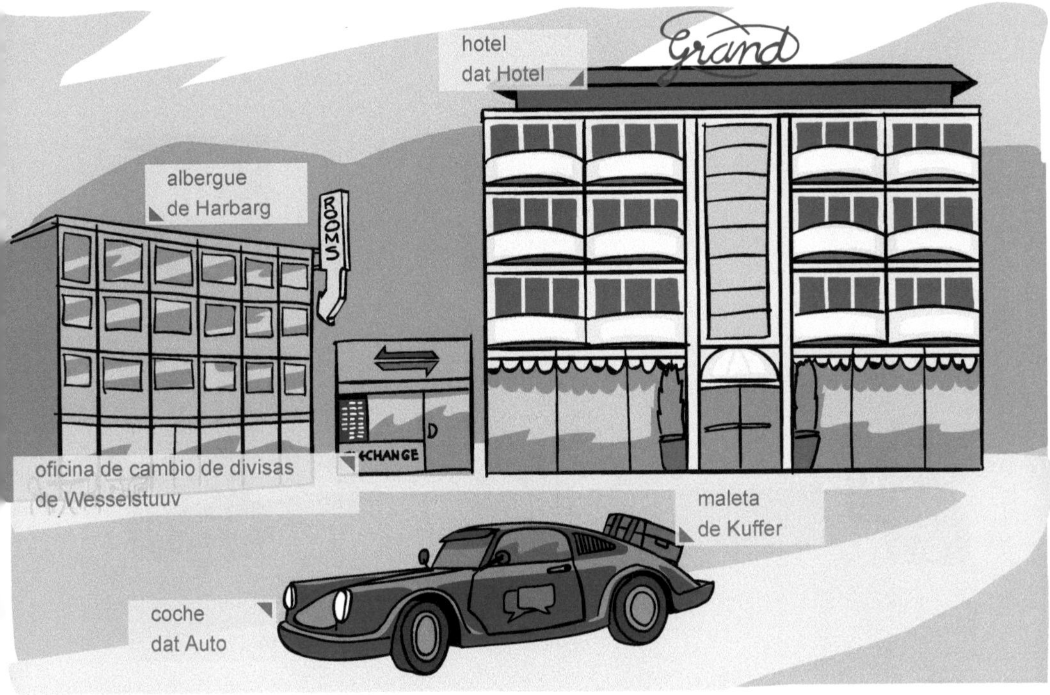

idioma

de Spraak

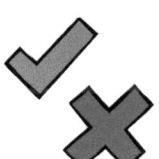

sí / no

jo / ne

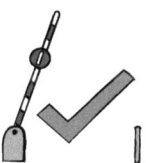

Vale

Jo

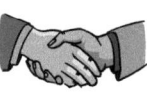

hola

Moin

traductor

de Översetter

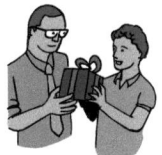

Gracias

Dank ok

¿cuánto es…?

Wat kost…?

No entiendo

Ik verstah nich

problema

dat Problem

¡Buenas tardes!

Goden Avend

¡Buenos días!

Moin!

¡Buenas noches!

Gode Nacht!

adiós

Tschüüs

dirección

de Richt

equipaje

de Bagaasch

bolsa

de Tasch

mochila

de Rüchsack

invitado

de Gast

habitación

de Stuuv

saco de dormir

de Slaapsack

tienda de campaña

dat Telt

información turística

de Touristeninformatschoon

playa

de Strand

tarjeta de crédito

de Kreditkoort

desayuno

dat Fröhstück

almuerzo

dat Meddageten

cena

dat Avendeten

billete

de Fohrkort

ascensor

de Fohrstohl

sello

de Breefmark

frontera

de Grenz

aduana

de Toll

embajada

de Bottschop

visa

dat Visum

pasaporte

de Pass

transporte
de Transport

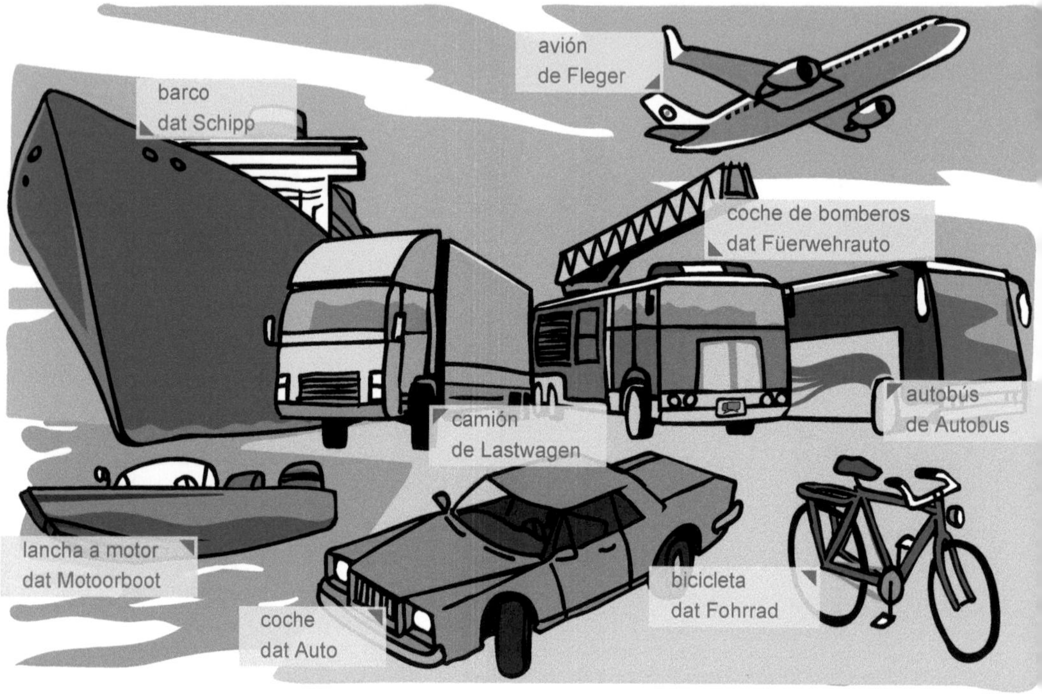
avión
de Fleger
barco
dat Schipp
coche de bomberos
dat Füerwehrauto
autobús
de Autobus
camión
de Lastwagen
lancha a motor
dat Motoorboot
bicicleta
dat Fohrrad
coche
dat Auto

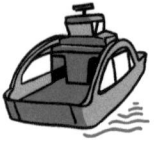

transbordador

de Fähr

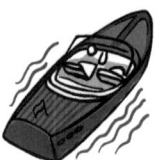

barca

dat Boot

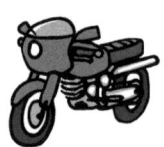

moto

dat Motoorrad

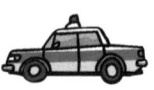

coche de policía

dat Polizeiauto

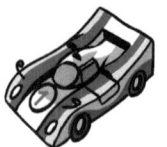

coche de carreras

dat Rönnauto

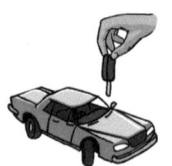

coche de alquiler

de Lehnwagen

préstamo de vehículos

dat Carsharing

grúa

de Afsleepwagen

camión de la basura

dat Müllauto

motor

de Motoor

gasolina

de Kraftstoff

gasolinera

de Tanksteed

señal de tráfico

dat Verkehrsschild

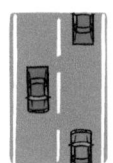

tráfico

de Verkehr

atasco

de Stau

aparcamiento

de Afstellplatz

estación de tren

de Bahnhoff

vías

de Sporen

tren

de Tog

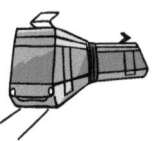

tranvía

de Stratenbahn

vagón

de Wagon

helicóptero
....
de Dwarsmöhl

aeropuerto
....
de Flooghaven

torre
....
de Tower

pasajero
....
de Fohrgast

contenedor
....
de Grootkist

caja de cartón
....
de Karton

carretilla
....
de Koor

cesta
....
de Korf

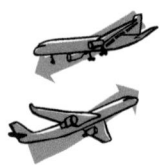

despegar / aterrizar
....
starten / lannen

ciudad

de Stadt

pueblo
....
dat Dörp

centro de ciudad
....
de Binnenstadt

casa
....
dat Huus

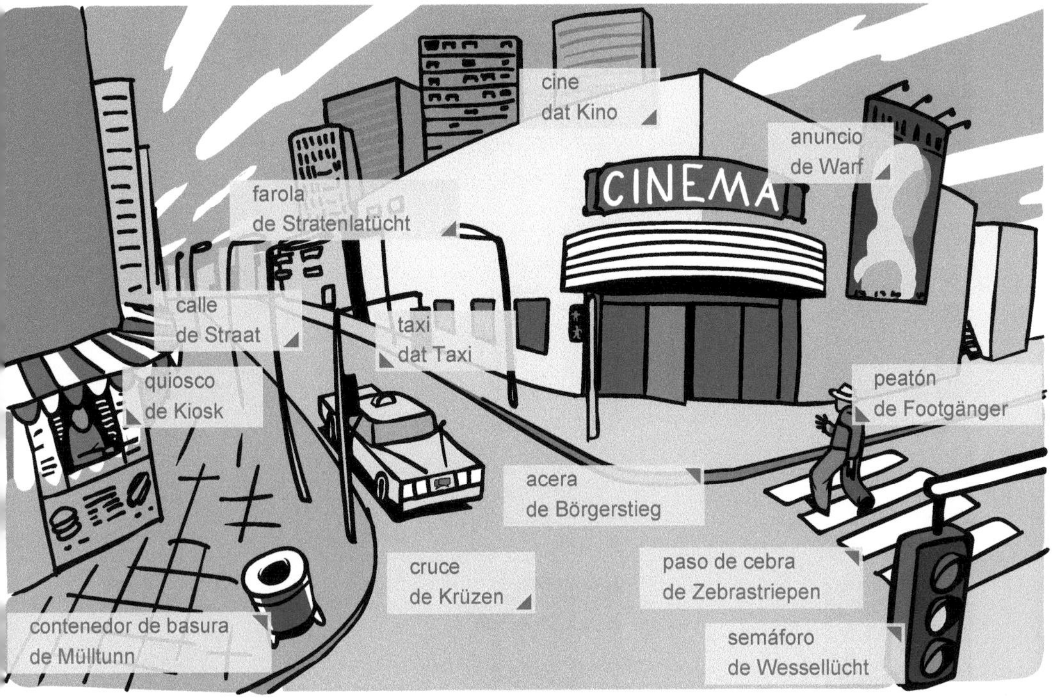
cine
dat Kino
CINEMA
anuncio
de Warf
farola
de Stratenlatücht
calle
de Straat
taxi
dat Taxi
quiosco
de Kiosk
peatón
de Footgänger
acera
de Börgerstieg
cruce
de Krüzen
paso de cebra
de Zebrastriepen
contenedor de basura
de Mülltunn
semáforo
de Wessellücht

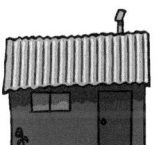

cabaña

de Hütt

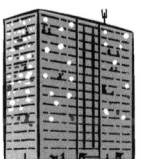

apartamento

de Wahnung

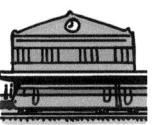

estación de tren

de Bahnhoff

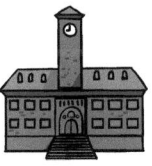

ayuntamiento

dat Raathuus

MUSEUM

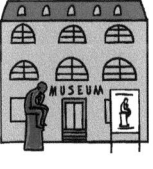

museo

dat Museum

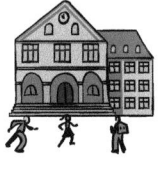

escuela

de School

universidad

de Universität

banco

de Bank

hospital

dat Krankenhuus

hotel

dat Hotel

farmacia

de Afteek

oficina

dat Büro

librería

de Bookhökerie

tienda

de Hökerie

floristería

de Blomenhökerie

supermercado

de Supermarkt

mercado

de Markt

grandes almacenes

dat Koophuus

pescadería

de Fischhökerie

centro comercial

dat Inkoopszentrum

puerto

de Haven

parque

de Parkanlaag

banco

de Bank

puente

de Brüch

escaleras

de Trepp

metro

de Ünnergrundbahn

túnel

de Tunnel

parada de autobús

de Busstoppsteed

bar

de Bar

restaurante

dat Spieslokal

buzón

de Breefkassen

poste indicador

dat Stratenschild

parquímetro

de Parkklock

zoo

de Deertenpark

piscina

de Baadanstalt

mezquita

de Moschee

granja

de Buernhoff

contaminación

de Ümweltversmudden

cementerio

de Karkhoff

iglesia

de Kark

patio de juego

de Speelplatz

templo

de Tempel

paisaje
de Landschop

hoja
dat Blatt

señal
de Wiespahl

camino
de Weg

prado
de Wisch

piedra
de Steen

árbol
de Boom

excursionista
de Wannerer

río
de Fluss

hierba
dat Gras

flor
de Bloom

valle

dat Daal

colina

de Barg

lago

de See

bosque

dat Holt

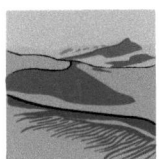

desierto

de Wööst

volcán

de Füerspien Barg

castillo

dat Slott

arcoíris

de Regenbagen

champiñón

de Poggenstohl

palmera

de Palm

mosquito

de Steekmück

mosca

de Fleeg

hormiga

de Miegeemk

abeja

de Imm

araña

de Spinn

escarabajo

de Sebber

rana

de Pogg

ardilla

de Katteker

erizo

de Swienegel

liebre

de Haas

lechuza

de Uul

pájaro

de Vagel

cisne

de Swaan

jabalí

dat Wildswien

ciervo

de Hirsch

alce

de Elk

presa

de Staudamm

turbina eólica

dat Windrad

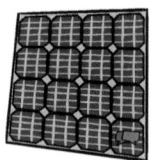

panel solar

dat Solarmodul

clima

dat Klima

restaurante
dat Spieslokal

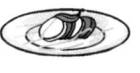

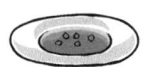

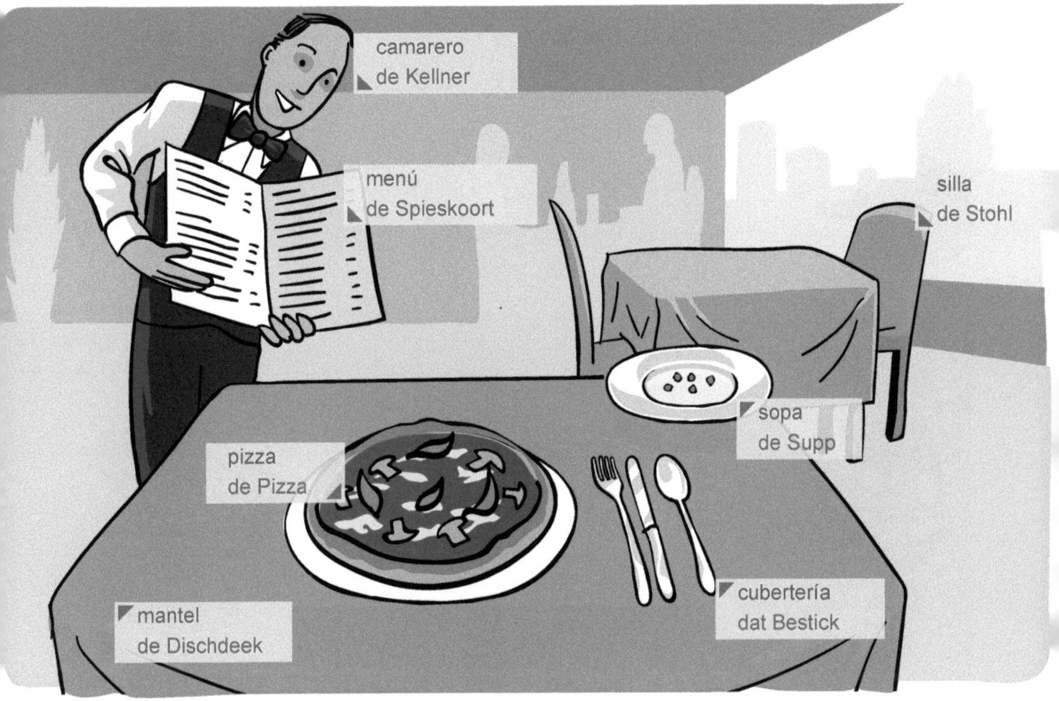
camarero
de Kellner
menú
de Spieskoort
silla
de Stohl
sopa
de Supp
pizza
de Pizza
cubertería
dat Bestick
mantel
de Dischdeek

primer plato

de Vörspies

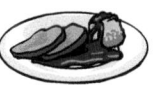

plato principal

dat Haupteten

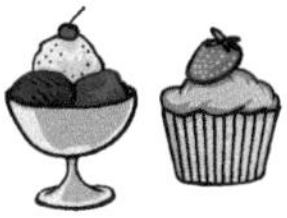

postre

de Nadisch

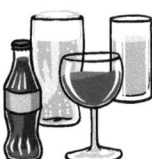

bebidas

de Drünk

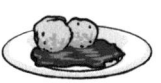

comida

dat Eten

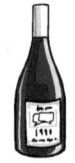

botella

de Buddel

comida rápida
....
dat Fastfood

comida callejera
....
dat Strateneten

tetera
....
de Teekann

azucarero
....
de Zuckerdoos

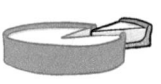

porción
....
de Portschoon

cafetera expreso
....
de Espressomaschien

trona
....
de Hoochstohl

cuenta
....
de Reken

bandeja
....
dat Tablett

cuchillo
....
dat Mess

tenedor
....
de Gavel

cuchara
....
de Lepel

cucharilla
....
de Teelepel

servilleta
....
dat Munddook

vaso
....
dat Glas

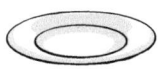

plato

de Töller

plato hondo

de Suppentöller

platillo

de Ünnertass

salsa

de Sooß

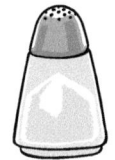

salero

de Soltstreuer

molinillo de pimienta

de Pepermöhl

vinagre

de Etig

aceite

dat Ööl

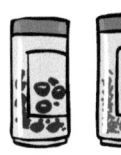

especias

de Krüder

ketchup

de Ketchup

mostaza

de Mostrich

mayonesa

de Mayonnaise

supermercado
de Supermarkt

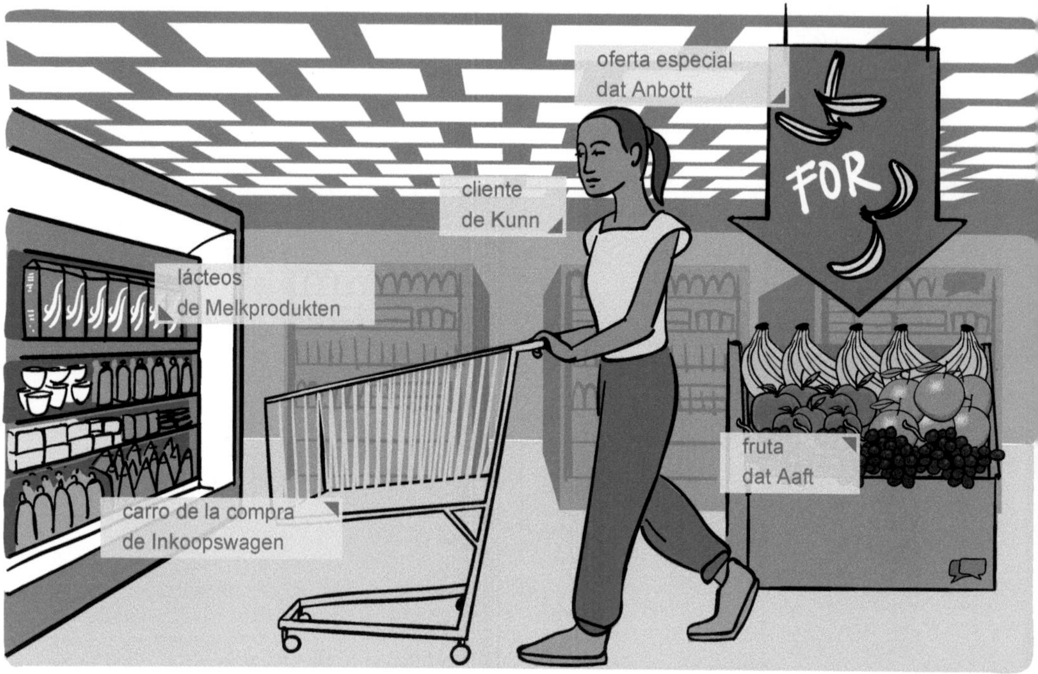

oferta especial
dat Anbott
FOR
cliente
de Kunn
lácteos
de Melkprodukten
fruta
dat Aaft
carro de la compra
de Inkoopswagen

BUTCHERS

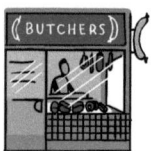

carnicería
....
de Slachterie

BAKERY

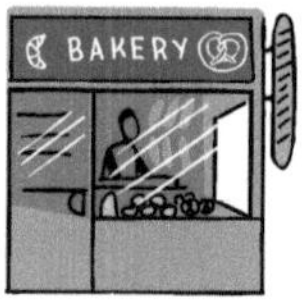

panadería
....
de Bäckerie

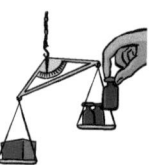

pesar
....
wegen

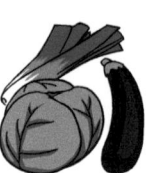

verduras
....
de Gröönsaken

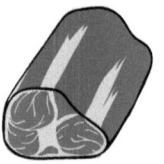

carne
....
dat Fleesch

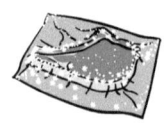

alimentos congelados
....
de Deepköhlkost

fiambres
de Opsnitt

conservas
de Konserven

detergente en polvo
de Waschmiddel

dulces
de Snoopkraam

productos de uso doméstico
de Huushooltssaken

productos de limpieza
de Reinmaaktüüch

vendedora
de Verköpersche

caja
de Kass

cajero
de Kasserer

lista de la compra
de Inkoopslist

horario de atención al
público
de Opsparrtieden

cartera
de Breeftasch

tarjeta de crédito
de Kreditkoort

bolsa
de Tasch

bolsa de plástico
de Plastiktüüt

agua

dat Water

zumo

de Saft

leche

de Melk

cola

de Cola

vino

de Wien

cerveza

dat Beer

alcohol

de Spriet

cacao

de Kakao

té

de Tee

café

de Koffie

expreso

de Espresso

capuchino

de Cappucino

plátano
de Banaan

manzana
de Appel

naranja
de Appelsien

melón
de Meloon

limón
de Zitroon

zanahoria
de Wöttel

ajo
de Knuuvlook

bambú
de Bambus

cebolla
de Zibbel

champiñón
de Poggenstohl

avellanas
de Nööt

fideos
de Nudeln

espagueti

de Spaghetti

arroz

de Ries

ensalada

de Salat

patatas fritas

de Pommes frites

patatas fritas

de Braadkantüffeln

pizza

de Pizza

hamburguesa

de Hamborger

sándwich

dat Sandwich

filete

dat Snitzel

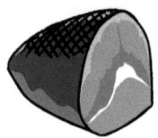

jamón

de Schinken

salami

de Salami

salchicha

de Wust

pollo

dat Hohn

asado

de Braden

pescado

de Fisch

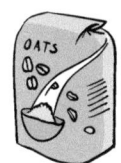

copos de avena

de Haverflocken

muesli

dat Müsli

copos de maíz

de Cornflakes

harina

dat Mehl

cruasán

de Croissant

panecillo

dat Rundstück

pan

dat Broot

tostada

dat Toast

galletas

de Keksen

mantequilla

de Botter

cuajada

de Quark

pastel

de Koken

huevo

dat Ei

huevo frito

dat Spegelei

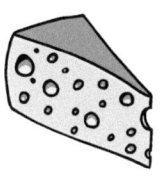

queso

de Kees

helado

de Ies

azúcar

de Zucker

miel

de Honnig

mermelada

de Marmelaad

crema de turrón

de Nougat-Creme

curry

dat Curry

granja
de Buernhoff

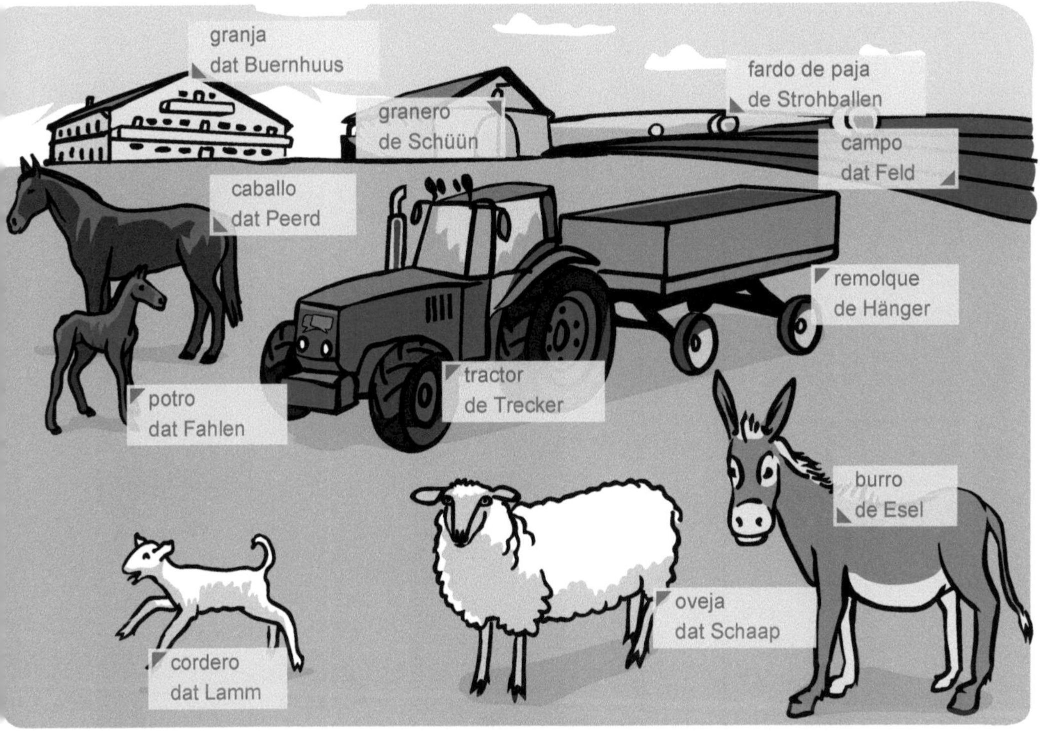
granja
dat Buernhuus
granero
de Schüün
fardo de paja
de Strohballen
campo
dat Feld
caballo
dat Peerd
remolque
de Hänger
tractor
de Trecker
potro
dat Fahlen
burro
de Esel
oveja
dat Schaap
cordero
dat Lamm

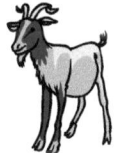

cabra
de Zeeg

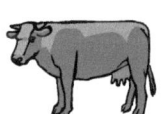

vaca
de Koh

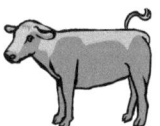

ternero
dat Kalf

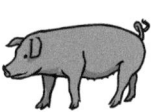

cerdo
dat Swien

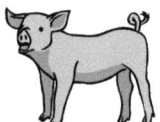

cerdito
dat Farken

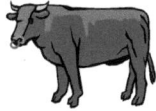

toro
de Bull

ganso
de Goos

pato
de Aant

pollo
dat Küken

gallina
dat Hohn

gallo
de Hahn

rata
de Rott

gato
de Katt

ratón
de Muus

buey
de Oss

perro
de Hund

perrera
de Hunnenhütt

manguera
de Goornslauch

regadera
de Geetkann

guadaña
de Lee

arado
de Ploog

hoz

de Sich

azada

de Hack

horca

de Mestfork

hacha

de Ext

carretilla

de Schuufkoor

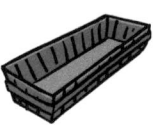

abrevadero

de Trog

lechera

de Melkkann

saco

de Sack

valla

de Tuun

establo

de Stall

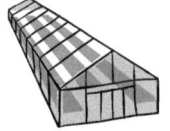

invernadero

dat Drievhuus

suelo

de Bodden

semilla

de Saat

fertilizador

de Dünger

cosechadora

de Meihdöscher

cosechar

oornen

cosecha

de Oorn

ñame

de Yamswöttel

trigo

de Weten

soja

dat Soja

patata

de Kantüffel

maíz

de Törksche Weten

semilla de colza

de Rapp

árbol frutal

de Aaftboom

mandioca

de Troopsch Kantüffel

cereales

dat Koorn

casa
dat Huus

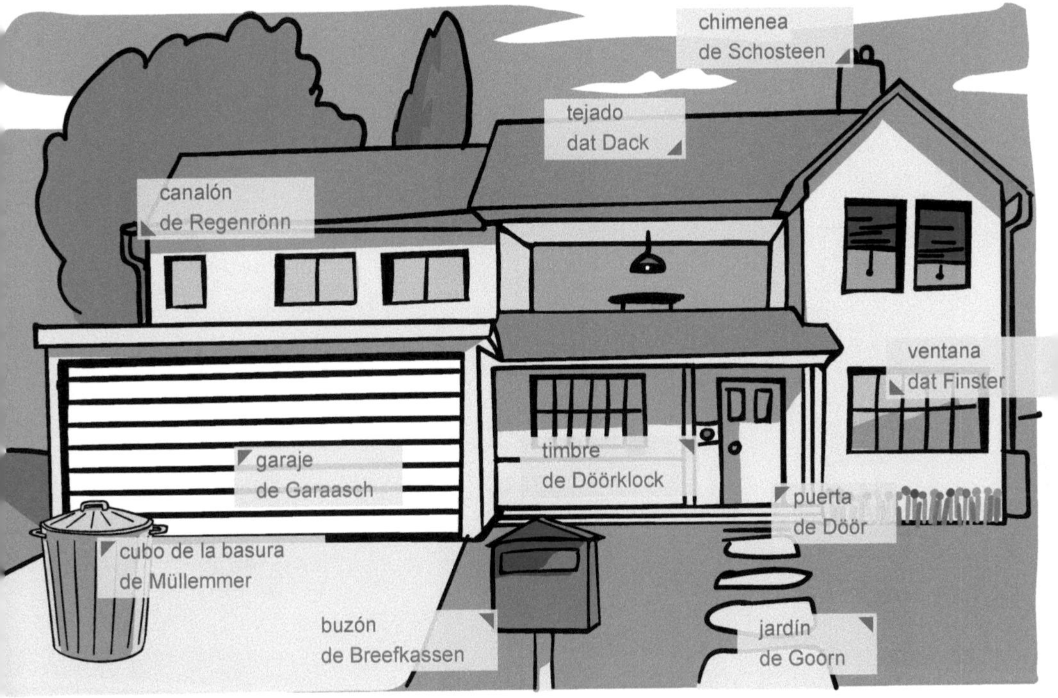

chimenea
de Schosteen
tejado
dat Dack
canalón
de Regenrönn
ventana
dat Finster
garaje
de Garaasch
timbre
de Döörklock
puerta
de Döör
cubo de la basura
de Müllemmer
buzón
de Breefkassen
jardín
de Goorn

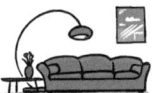

sala
de Wahnstuuv

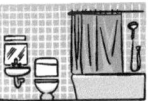

cuarto de baño
de Baadstuuv

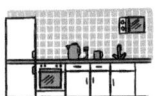

cocina
de Köök

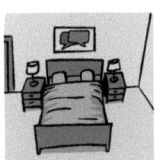

dormitorio
de Slaapstuuv

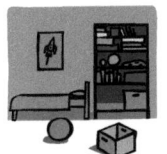

habitación de los niños
de Kinnerstuuv

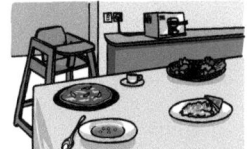

comedor
de Eetstuuv

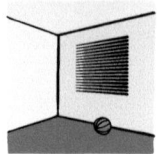

suelo
de Footbodden

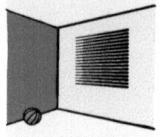

pared
de Wand

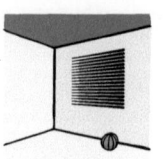

techo
de Deek

sótano
de Keller

sauna
dat Hittluftbad

balcón
de Balkon

terraza
de Terrass

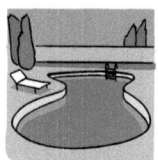

piscina
dat Swümmbad

cortacésped
de Rasenmeiher

sábana
de Bettbetog

colcha
de Bettdeek

cama
de Puuch

escoba
de Bessen

balde
de Emmer

interruptor
de Schalter

sala
de Wahnstuuv

papel pintado
de Tapeet
imagen
dat Bild
lámpara
de Lamp
estante
dat Regal
armario
dat Schapp
televisión
de Kiekkassen
chimenea
de Kamin
flor
de Bloom
cojín
dat Küssen
sofá
dat Sofa
jarrón
de Vaas
mando a distancia
de Feernbedenen

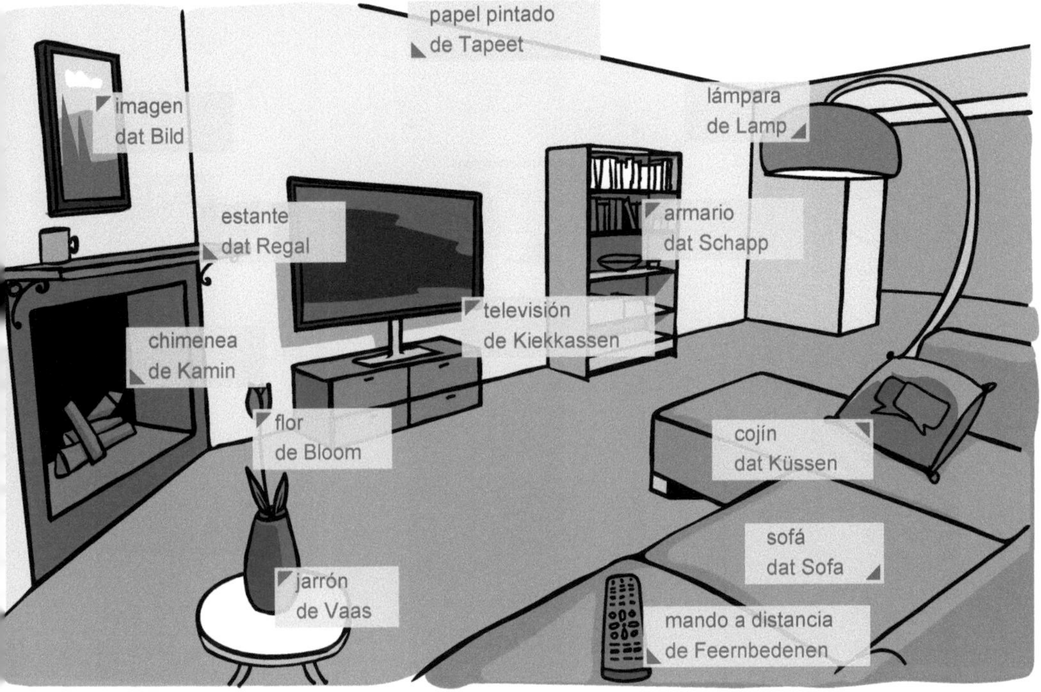

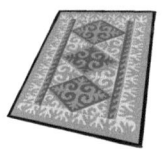

alfombra
de Teppich

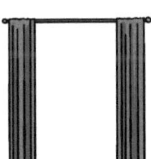

cortina
de Vörhang

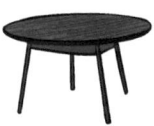

mesa
de Disch

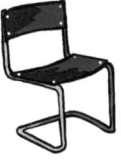

silla
de Stohl

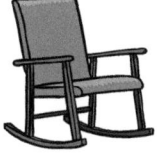

mecedora
de Schuckelstohl

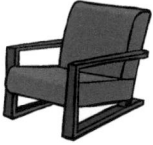

butaca
de Sessel

libro
dat Book

manta
de Deek

decoración
de Dekoratschoon

leña
dat Füerholt

película
de Film

equipo de música
de Stereoanlaag

llave
de Slötel

periódico
dat Narichtenblatt

pintura
dat Gemälde

póster
dat Poster

radio
dat Radio

cuaderno
de Opschrievblock

aspiradora
de Huulbessen

cactus
de Kaktus

vela
de Kars

cocina

de Köök

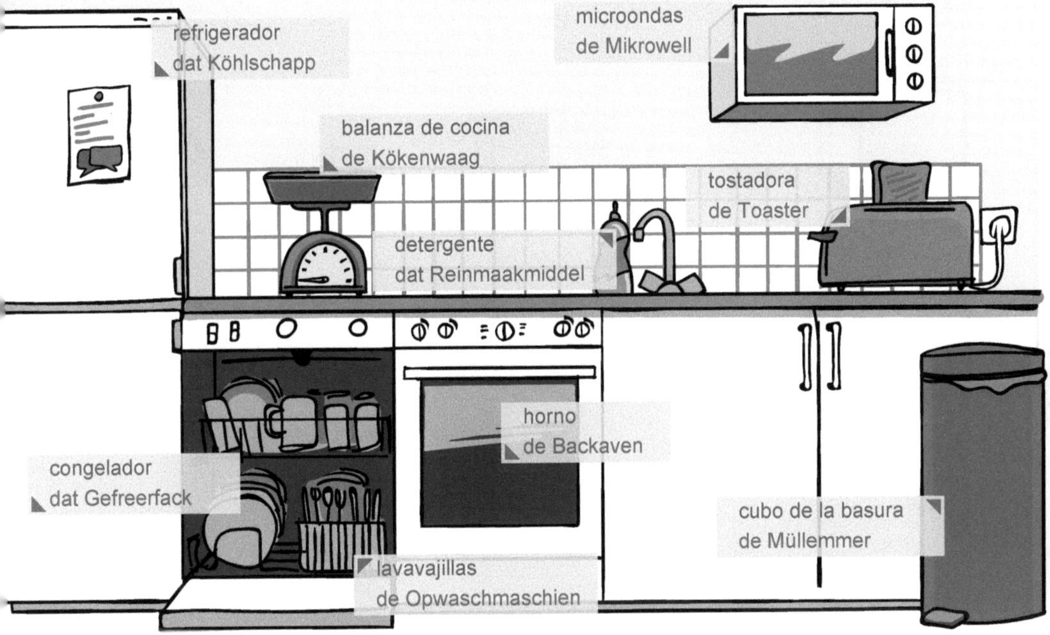

refrigerador
dat Köhlschapp
microondas
de Mikrowell
balanza de cocina
de Kökenwaag
tostadora
de Toaster
detergente
dat Reinmaakmiddel
horno
de Backaven
congelador
dat Gefreerfack
cubo de la basura
de Müllemmer
lavavajillas
de Opwaschmaschien

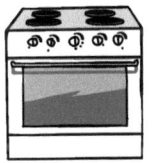

olla a presión

de Heerd

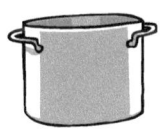

olla

de Pott

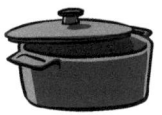

olla de hierro fundido

de Gussiesern Putt

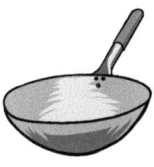

wok / karahi

de Wok / Kadai

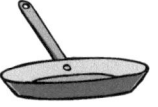

cazuela

de Pann

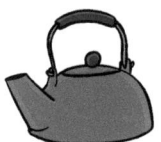

hervidor

de Waterkaker

vaporera

de Dampkaakputt

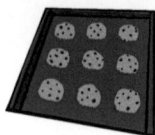

chapa de horno

dat Backblick

vajilla

dat Geschirr

taza

de Beker

tazón

de Schaal

palillos

de Eetsticken

cucharón

de Suppenkell

espumadera

de Pannenwenner

batidor

de Sneebessen

colador

dat Kaakseef

cedazo

dat Seef

rallador

de Riev

mortero

de Mörser

barbacoa

de Grill

hoguera

de Füerstell

cocina - de Köök

tabla de picar

dat Sniedbrett

rodillo

dat Nudelholt

sacacorchos

de Proppentrecker

lata

de Doos

abrelatas

de Dosenaapner

agarrador

de Pottlappen

lavabo

dat Waschbecken

cepillo

de Böst

esponja

de Swamm

batidora

de Mixer

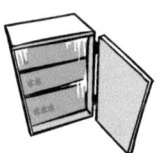

congelador

dat Iesschapp

biberón

de Nuckelbuddel

grifo

de Waterhahn

cuarto de baño
de Baadstuuv

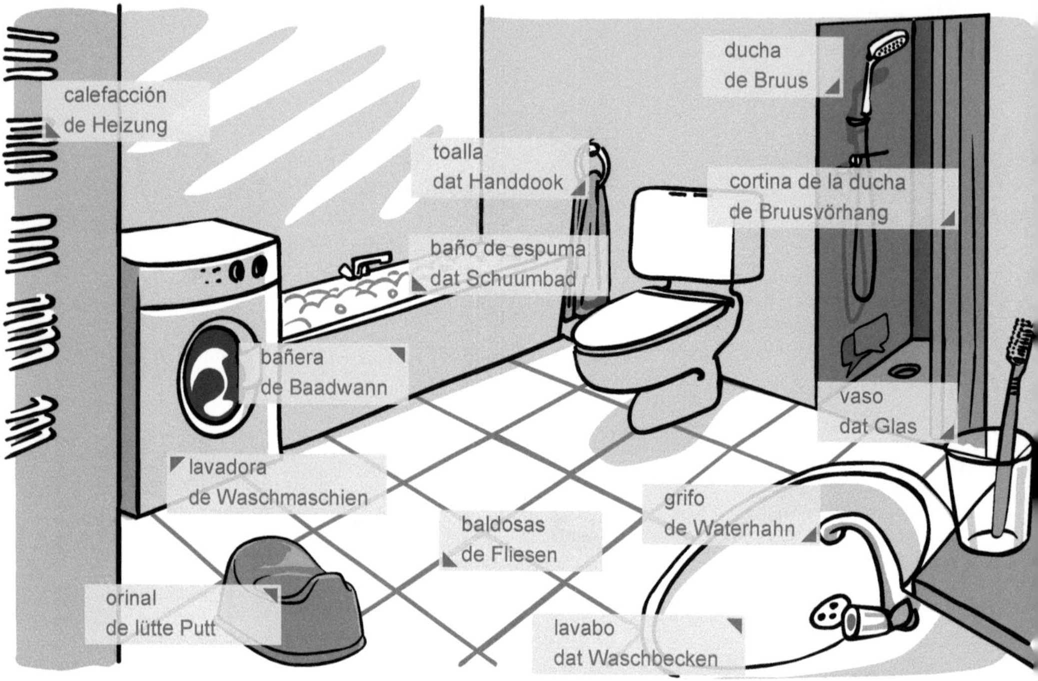
ducha
de Bruus
calefacción
de Heizung
toalla
dat Handdook
cortina de la ducha
de Bruusvörhang
baño de espuma
dat Schuumbad
bañera
de Baadwann
vaso
dat Glas
lavadora
de Waschmaschien
grifo
de Waterhahn
baldosas
de Fliesen
orinal
de lütte Putt
lavabo
dat Waschbecken

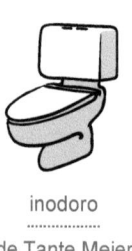

inodoro

de Tante Meier

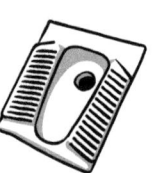

inodoro rústico

de Hockklo

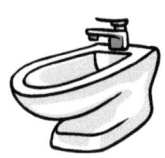

bidé

dat Bidet

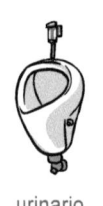

urinario

dat Miegbecken

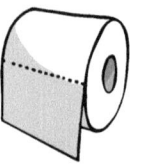

papel higiénico

dat Klopapeer

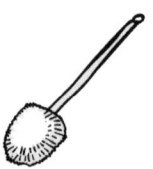

escobilla del váter

de Kloböst

cepillo de dientes

de Tähnböst

pasta de dientes

de Tähnpast

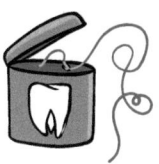

hilo dental

de Tähnsied

lavar

waschen

ducha de mano

de Handbruus

ducha íntima

de Intimbruus

pila

de Waschschöttel

cepillo de espalda

de Rüchböst

jabón

de Seep

gel de ducha

dat Bruusgeel

champú

dat Hoorwaschmiddel

toallita

de Waschlappen

desagüe

de Afloop

crema

de Creme

desodorante

dat Deodorant

espejo

de Spegel

espejo de tocador

de Kosmetikspegel

maquinilla de afeitar

de Raserer

espuma de afeitar

de Raseerschuum

loción postafeitado

dat Raseerwater

peine

de Kamm

cepillo

de Böst

secador

de Hoordröger

laca

dat Hoorspray

maquillaje

de Smink

pintalabios

de Lippensticken

pintauñas

de Nagellack

algodón

de Watt

cortauñas

de Nagelscheer

perfume

dat Rüükwater

estuche de viaje
de Kulturbüdel

banqueta
de Schemel

balanza
de Waag

albornoz
de Baadmantel

guantes de goma
de Gummihanschen

tampón
de Tampon

compresa
de Damenbinn

inodoro químico
dat Chemieklo

habitación de los niños
de Kinnerstuuv

despertador
de Wecker
peluche
dat Knudeldeert
coche de juguete
dat Speeltüüchauto
sonajero
de Klöter
casa de muñecas
dat Poppenhuus
regalo
dat Geschenk

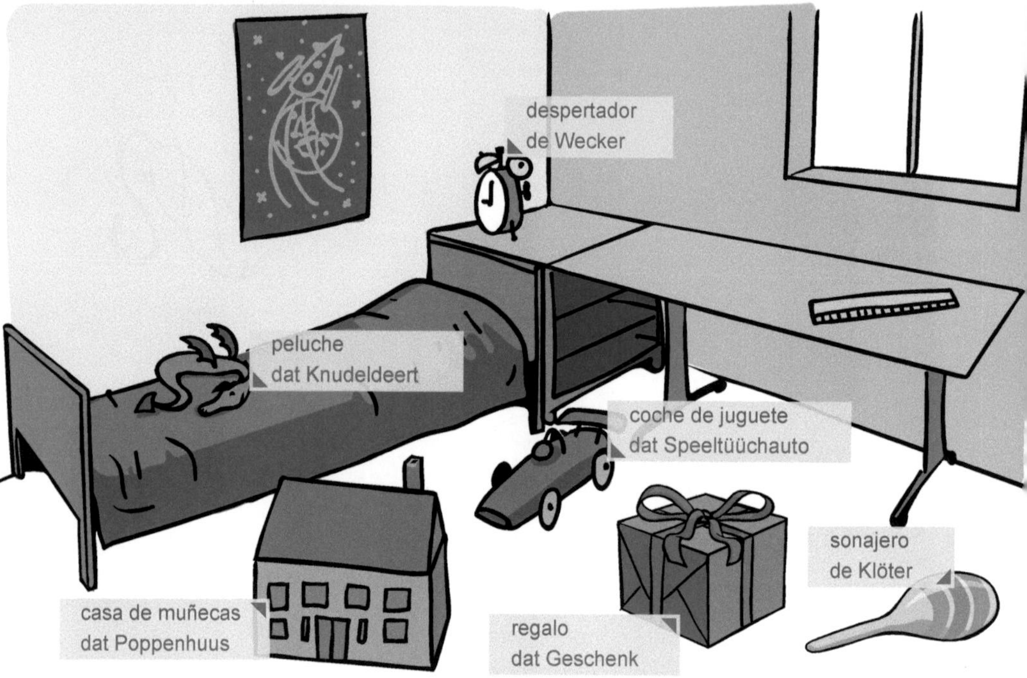

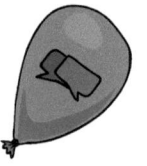

globo

de Luftballon

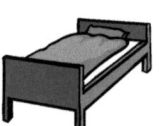

cama

de Puuch

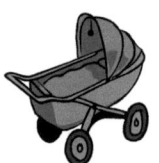

coche de niño

de Kinnerwagen

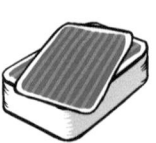

naipes

dat Koortenspeel

puzle

dat Puzzle

SUPER MEGA

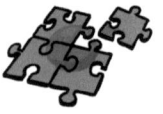

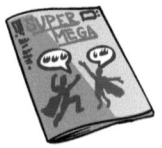

tebeo

de Billergeschicht

piezas de lego
de Legostenen

bloques de juguete
de Bustenen

figura de acción
de Action-Figur

bodi (de bebé)
de Strampelantog

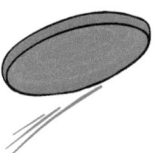

frisbee
de Frisbeeschiev

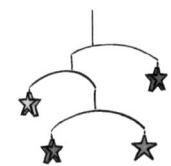

colgador móvil para bebés
dat Mobile

juego de mesa
dat Brettspeel

dados
de Wörpel

circuito de tren eléctrico
de Modelliesenbahn

maniquí
de Snuller

fiesta
de Party

álbum de fotos
dat Billerbook

pelota
de Ball

muñeca
de Popp

jugar
spelen

cajón de arena

de Sandkassen

columpio

de Schuckel

juguetes

dat Speeltüüch

videoconsola

de Speelkonsool

triciclo

dat Dreerad

oso de peluche

de Teddyboor

guardarropa

dat Klederschapp

ropa

dat Tüüch

calcetines

de Socken

medias

de Strümp

leotardos

de Strumpbüx

bufanda
dat Halsdook

cinturón
de Liefreem

paraguas
de Paraplü

camiseta
dat T-Shirt

botas
de Stevel

zapatillas
de Puuschen

deportivas
de Turnschoh

sandalias
de Sandalen

zapatos
de Schoh

botas de goma
de Gummistevel

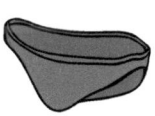

slip
de Ünnerbüx

sostén
de Bostholler

chaleco
dat Ünnerhemd

bodi
de Lief

pantalones
de Büx

vaqueros
de Jeansnüx

falda
de Rock

blusa
de Bluus

camisa
dat Hemd

jersey
de Pullover

suéter
de Kapuzenpullover

blazer
de Blazer

chaqueta
de Jack

abrigo
de Mantel

gabardina
de Övertrecker

traje
dat Kostüm

vestido
dat Kleed

vestido de novia
dat Hochtietskleed

traje
de Antog

camisón
dat Nachtkleed

pijama
de Slaapantog

sari
de Sari

bandana
dat Koppdook

turbante
de Turban

burka
de Burka

caftán
de Kaftan

abaya
de Abaya

traje de baño
de Baadantog

bañador
de Baadbüx

pantalones cortos
de Korte Büx

chándal
de Antog to'n Öven

delantal
de Schört

guantes
de Handschoh

botón
....
de Knopp

gafas
....
de Brill

brazalete
....
dat Armband

collar
....
de Halskeed

anillo
....
de Ring

pendiente
....
de Ohrbummel

gorra
....
de Mütz

percha
....
de Klederbögel

sombrero
....
de Hoot

corbata
....
de Binner

cremallera
....
de Rietslüter

casco
....
de Helm

tirantes
....
dat Drachtband

uniforme escolar
....
de Schooluniform

uniforme
....
de Uniform

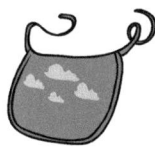

babero

de Severböten

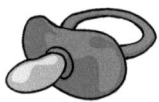

maniquí

de Snuller

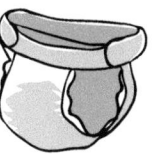

pañal

de Winnel

oficina

dat Büro

servidor
de Server
archivo
dat Aktenschapp
impresora
de Drucker
papel
dat Papeer
monitor
de Bildschirm
ratón
de Muus
escritorio
de Schrievdisch
carpeta
de Orner
teclado
dat Knoopboord
papelera
de Papeerkorf
ordenador
de Computer
silla
de Stohl

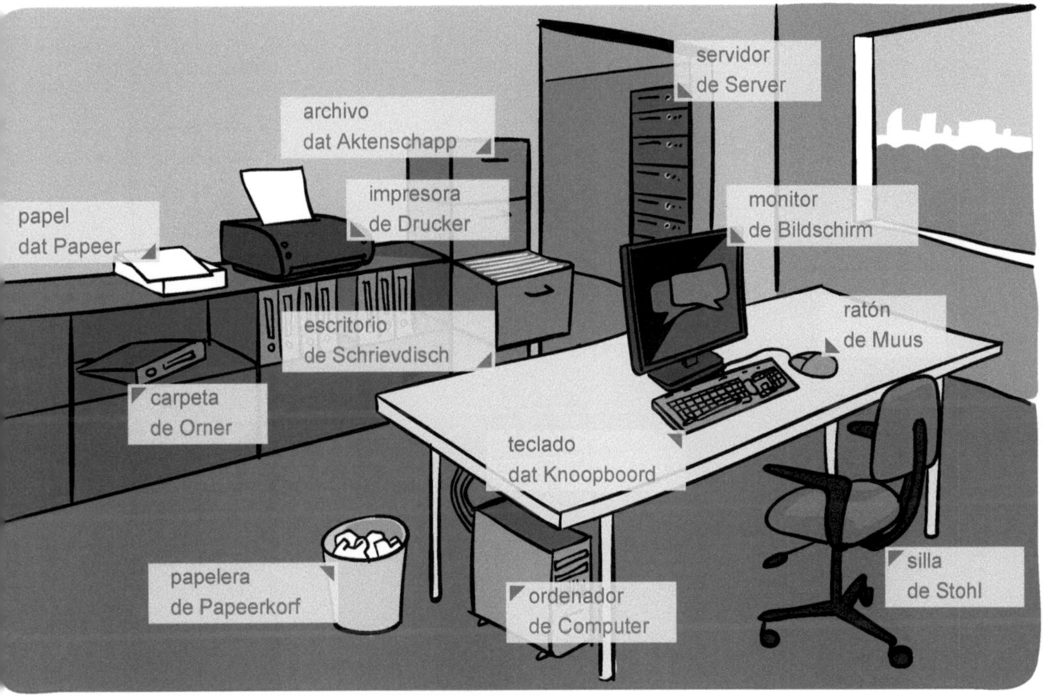

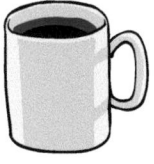

taza de café

de Koffiebeker

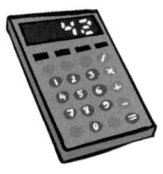

calculadora

de Taschenreekner

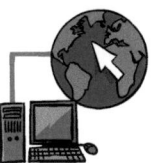

internet

dat Internet

portátil

de Klappreekner

carta

de Breef

mensaje

de Naricht

móvil

de Ackersnacker

red

dat Nettwark

fotocopiadora

de Kopeerapparat

software

de Software

teléfono

de Klöönkassen

toma de corriente

de Steekdoos

fax

de Faxapparat

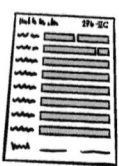

formulario

dat Formulor

documento

dat Dokument

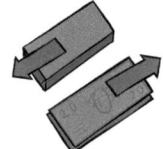

comprar

köpen

pagar

betahlen

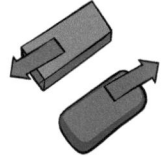

comerciar

hanneln

dinero

dat Geld

 USD

dólar

de Dollar

 EUR

euro

de Euro

 JPY

yen

de Yen

 RUB

rublo

de Ruvel

 CHF

franco suizo

de Swiezer Franken

 CNY

renminbi yuan

de Renminbi Yuan

 INR

rupia

de Rupie

cajero automático

de Geldautomat

oficina de cambio de divisas

de Wesselstuuv

oro

dat Gold

plata

dat Sülver

petróleo

dat Ööl

energía

de Energie

precio

de Pries

contrato

de Verdrag

impuesto

de Stüer

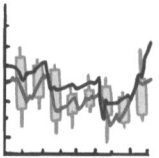

acción

de Andeelschien

trabajar

arbeiden

empleado

de Anstellte

empleador

de Arbeitgever

fábrica

de Fabrik

tienda

de Hökerie

oficios
de Profeschonen

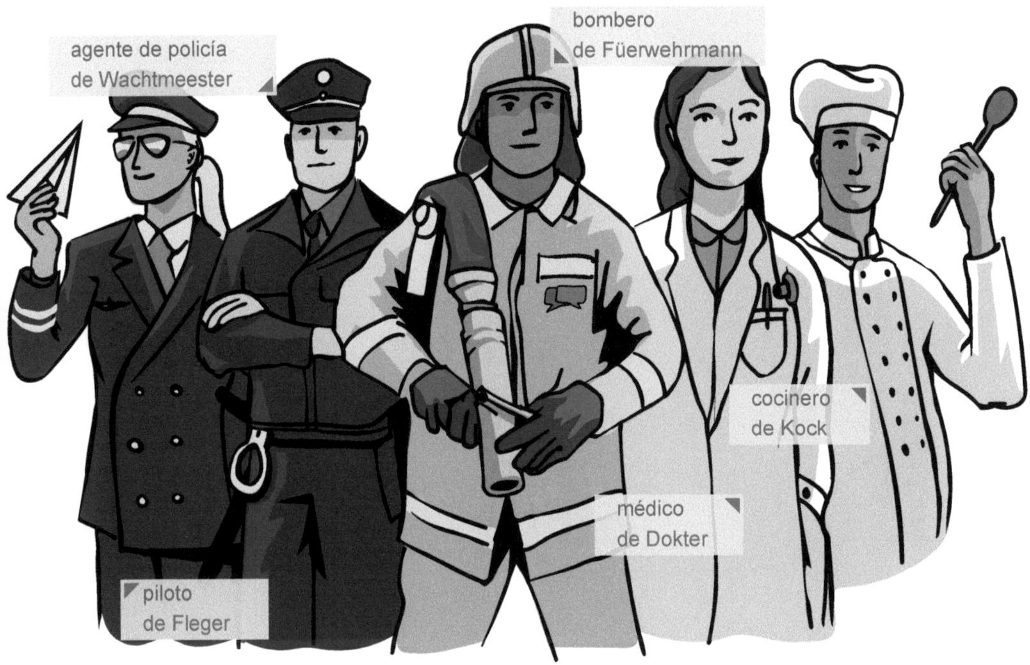
bombero
de Füerwehrmann
agente de policía
de Wachtmeester
cocinero
de Kock
médico
de Dokter
piloto
de Fleger

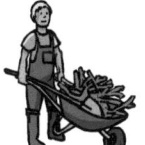

jardinero

de Goorner

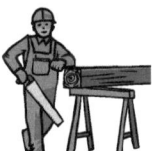

carpintero

de Discher

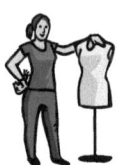

costurera

de Neihersche

juez

de Richter

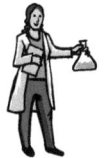

farmacéutico

de Chemiker

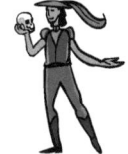

actor

de Schauspeler

conductor de autobús

de Busfohrer

taxista

de Taxifohrer

pescador

de Fischer

señora de la limpieza

de Reinmaakfru

techador

de Dackdecker

camarero

de Kellner

cazador

de Jäger

pintor

de Maler

panadero

de Bäcker

electricista

de Elektriker

obrero

de Buarbeider

ingeniero

de Ingenieur

carnicero

de Slachter

fontanero

de Klempner

cartero

de Postbüdel

soldado

de Suldat

arquitecto

de Architekt

cajero

de Kasserer

florista

de Florist

peluquero

de Putzbüdel

revisor

de Schaffner

mecánico

de Mechaniker

capitán

de Kaptein

dentista

de Tähndokter

científico

de Wetenschopler

rabino

de Rabbi

imán

de Imam

monje

de Mönk

sacerdote

de Paap

herramientas
dat Warktüüch

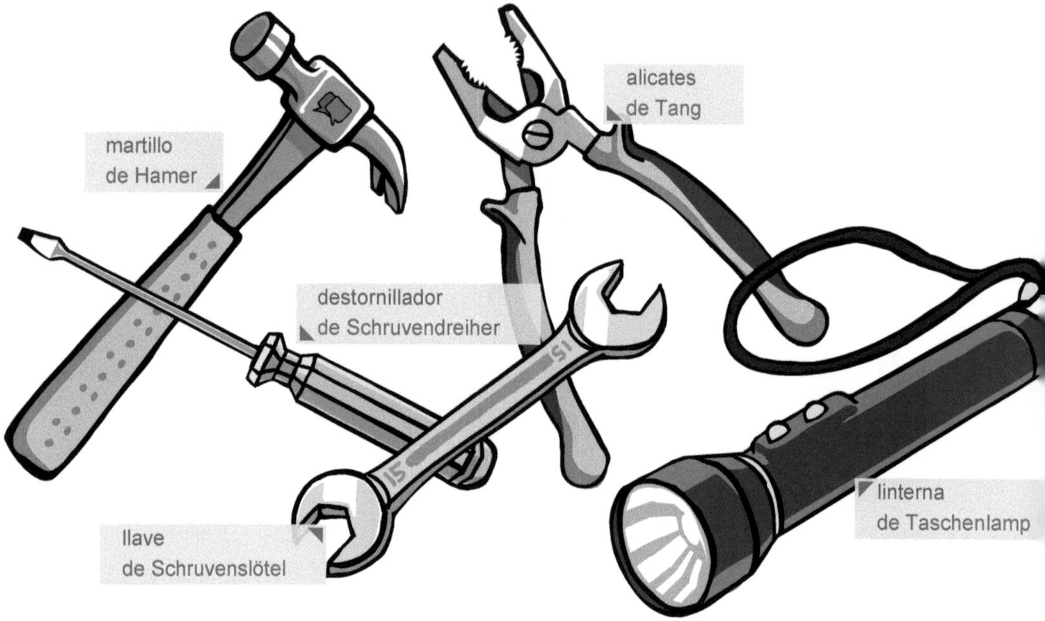
alicates
de Tang
martillo
de Hamer
destornillador
de Schruvendreiher
llave
de Schruvenslötel
linterna
de Taschenlamp

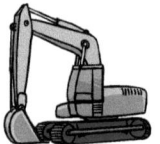

excavadora

de Grieper

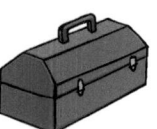

caja de herramientas

de Warktüüchkassen

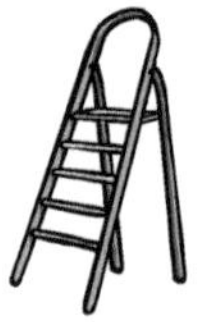

escalera de mano

de Ledder

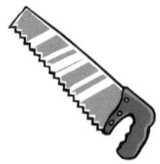

sierra

de Saag

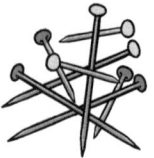

clavos

de Nagels

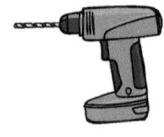

taladro

de Bohrer

reparar

heelmaken

pala

de Schüffel

¡Maldita sea!

Schiet!

recogedor

dat Kehrblick

bote de pintura

de Farvpott

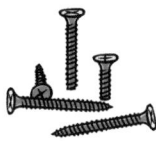

tornillos

de Schruven

instrumentos musicales
de Musikinstrumenten

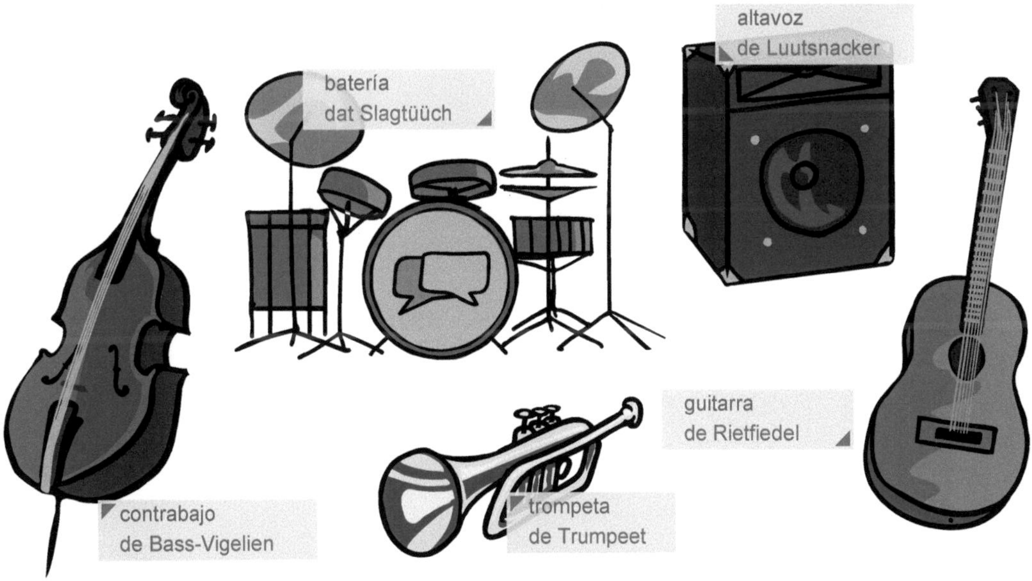

altavoz
de Luutsnacker

batería
dat Slagtüüch

contrabajo
de Bass-Vigelien

trompeta
de Trumpeet

guitarra
de Rietfiedel

piano

dat Klaveer

violín

de Vigelien

bajo

de Bass

timbales

de Pauk

tambor

de Trummeln

teclado

dat Keyboard

saxofón

dat Saxophon

flauta

de Fleut

micrófono

dat Mikrofoon

de Deertenpark

tigre
de Tiger

entrada
de Ingang

jaula
de Käfig

cebra
dat Zebra

pienso
dat Deertenfoder

panda
de Panda-Boor

animales
....
de Deerten

elefante
....
de Elefant

canguro
....
dat Känguru

rinoceronte
....
dat Neeshoorn

gorila
....
de Gorilla

oso
....
de Boor

camello

dat Kameel

avestruz

de Struuß

león

de Lööv

mono

de Aap

flamingo

de Flamingo

loro

de Papagoi

oso polar

de lesboor

pingüino

de Pinguin

tiburón

de Haifisch

pavo real

de Pageluun

serpiente

de Slang

cocodrilo

dat Krokodil

guardián de zoológico

de Oppasser in'n
Deertenpark

foca

de Saalhund

jaguar

de Jaguor

poni

dat Pony

leopardo

de Leopard

hipopótamo

dat Nilpeerd

jirafa

de Giraff

águila

de Aadler

jabalí

dat Wildswien

pescado

de Fisch

tortuga

de Schildkrööt

morsa

dat Walross

zorro

de Voss

gacela

de Gazell

fútbol americano
de Amerikaansch Football

ciclismo
dat Radfohren

tenis
dat Tennis

baloncesto
de Korfball

natación
dat Swümmen

boxeo
dat Boxen

hockey sobre hielo
dat Ieshockey

fútbol
de Football

bádminton
dat Fedderball

atletismo
de Leichtathletik

balonmano
de Handball

esquí
dat Skilopen

polo
dat Polo

actividades
de Aktivitäten

saltar
springen
abrazar
ümarmen
reír
lachen
caminar
gahn
cantar
singen
soñar
drömen
rezar
beden
besar
snuteln

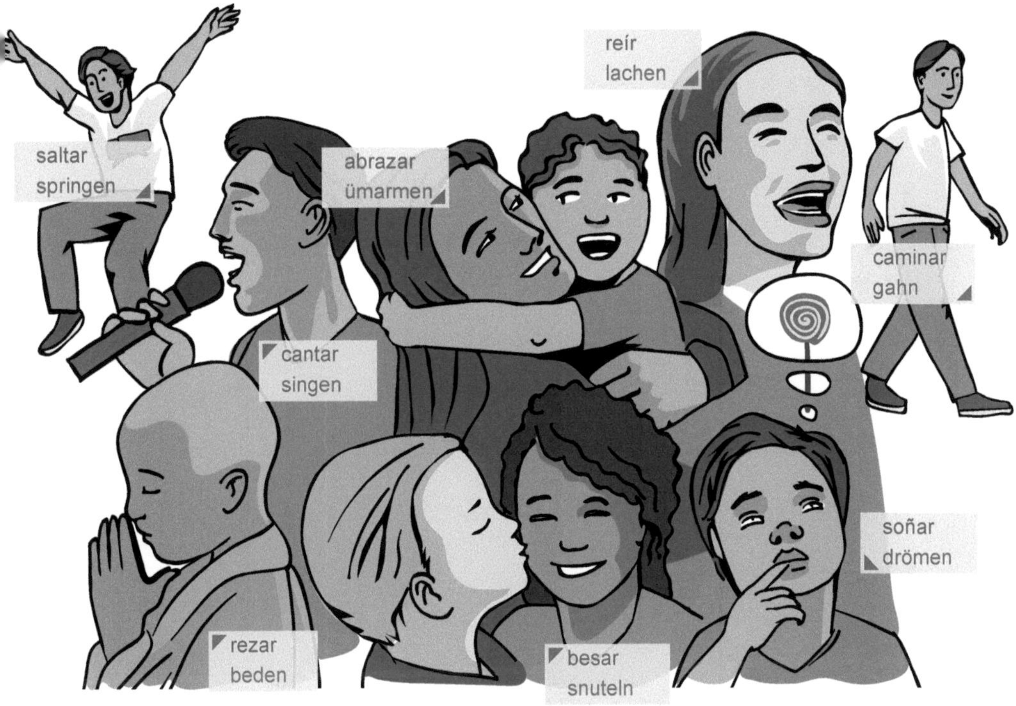

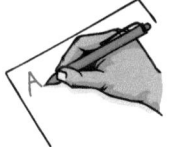

escribir
schrieven

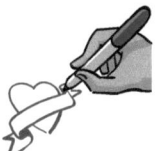

dibujar
teken

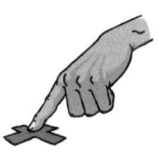

mostrar
wiesen

empujar
drücken

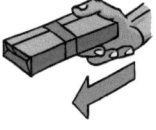

dar
geven

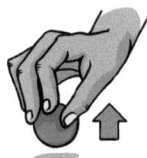

tomar
nehmen

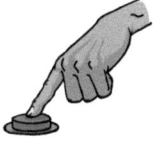

tener
hebben

hacer
doon

ser
sien

estar de pie
stahn

correr
lopen

tirar
trecken

tirar
smieten

caer
fallen

yacer
liggen

esperar
töven

llevar
dregen

estar sentado
sitten

vestirse
antrecken

dormir
slapen

despertar
opwaken

actividades - de Aktivitäten

mirar

ankieken

llorar

wenen

acariciar

eien

peinar

kämmen

hablar

snacken

entender

verstahn

preguntar

fragen

escuchar

hören

beber

drinken

comer

eten

ordenar

oprümen

amar

leefhebben

cocinar

kaken

conducir

fohren

volar

flegen

navegar

segeln

calcular

reken

leer

lesen

aprender

lehren

trabajar

arbeiden

casarse

de Plünnen tohoopsmieten

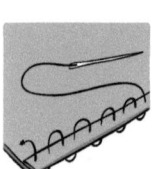

coser

neihen

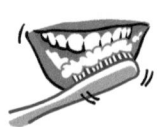

cepillarse los dientes

Tähnen putzen

matar

dootmaken

fumar

smöken

enviar

schicken

familia
de Familje

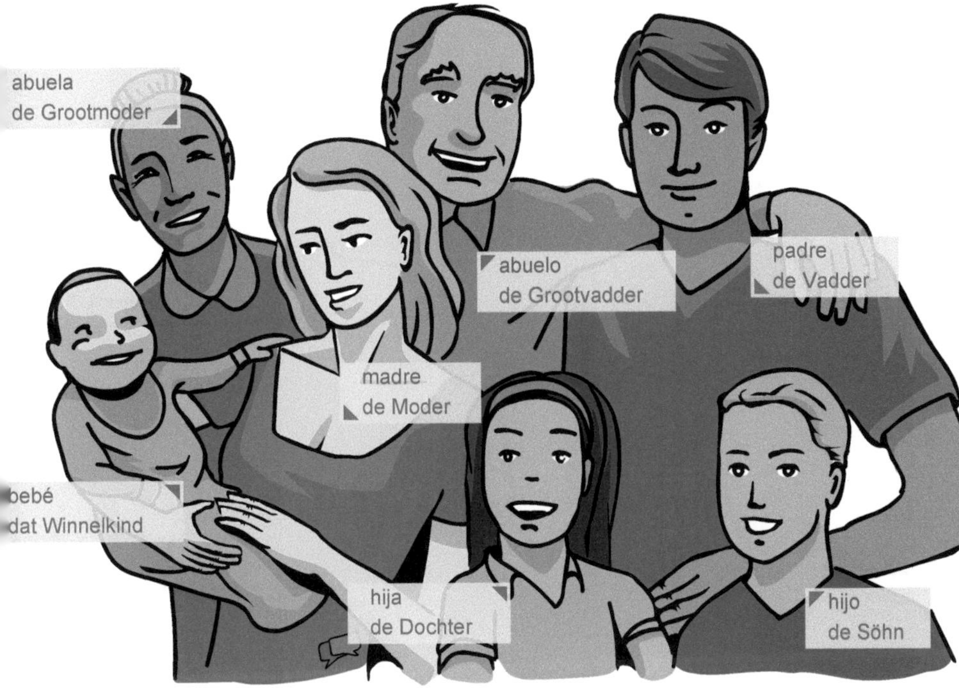

abuela
de Grootmoder
abuelo
de Grootvadder
padre
de Vadder
madre
de Moder
bebé
dat Winnelkind
hija
de Dochter
hijo
de Söhn

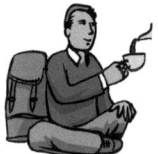

invitado
de Gast

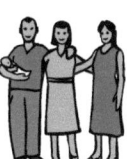

tía
de Tant

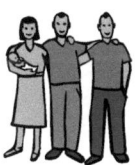

tío
de Unkel

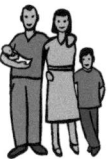

hermano
de Broder

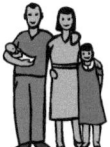

hermana
de Süster

cuerpo

de Lief

frente
de Vörkopp
ojo
dat Oog
hombro
de Schuller
dedo
de Finger
cara
dat Gesicht
barbilla
dat Kinn
mano
de Hand
pierna
dat Been
pecho
de Bost
brazo
de Arm

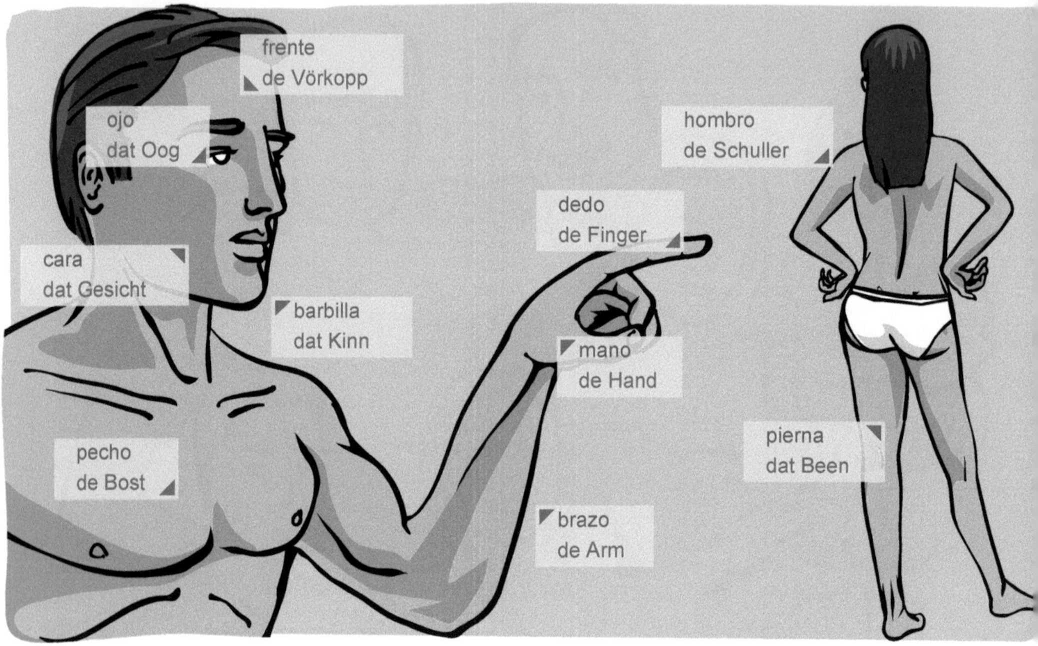

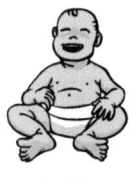

bebé

dat Winnelkind

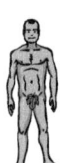

hombre

de Mann

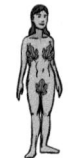

mujer

de Fro

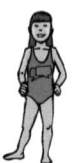

chica

de Deern

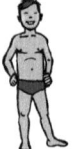

chico

de Jung

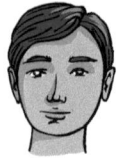

cabeza

de Arm

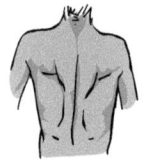

espalda

de Rüch

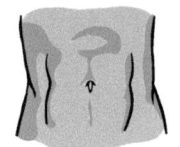

vientre

de Buuk

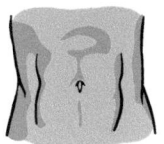

ombligo

de Navel

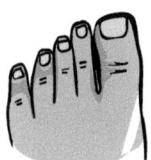

dedo del pie

de Teh

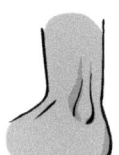

talón

de Hack

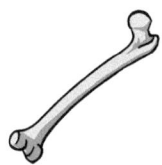

hueso

de Knaken

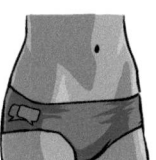

cadera

de Hüft

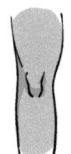

rodilla

dat Knee

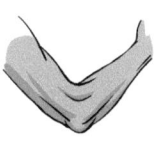

codo

de Ellbagen

nariz

de Nees

trasero

de Achtersen

piel

de Huut

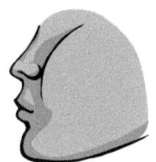

mejilla

de Back

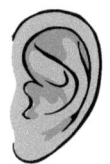

oído

dat Ohr

labio

de Lipp

boca

de Mund

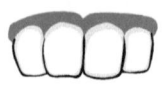

diente

de Tähn

lengua

de Tung

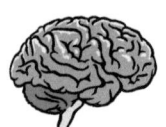

cerebro

de Bregen

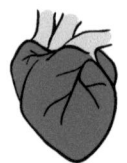

corazón

dat Hart

músculo

de Muskel

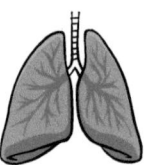

pulmón

de Lung

hígado

de Lever

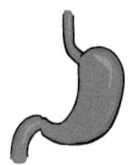

estómago

de Maag

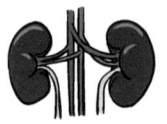

riñones

de Neren

sexo

de Bislaap

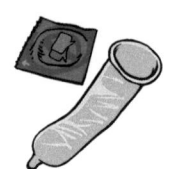

condón

dat Kondoom

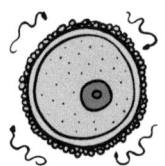

ovario

de Eizell

semen

dat Sperma

embarazo

de Anner Ümstänn

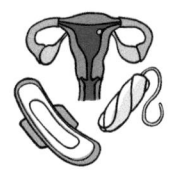

menstruación

de Menstruatschoon

vagina

de Scheed

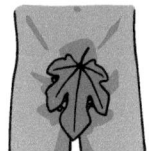

pene

de Pint

ceja

de Ogenbroe

pelo

dat Hoor

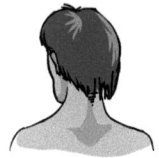

cuello

de Hals

hospital
dat Krankenhuus

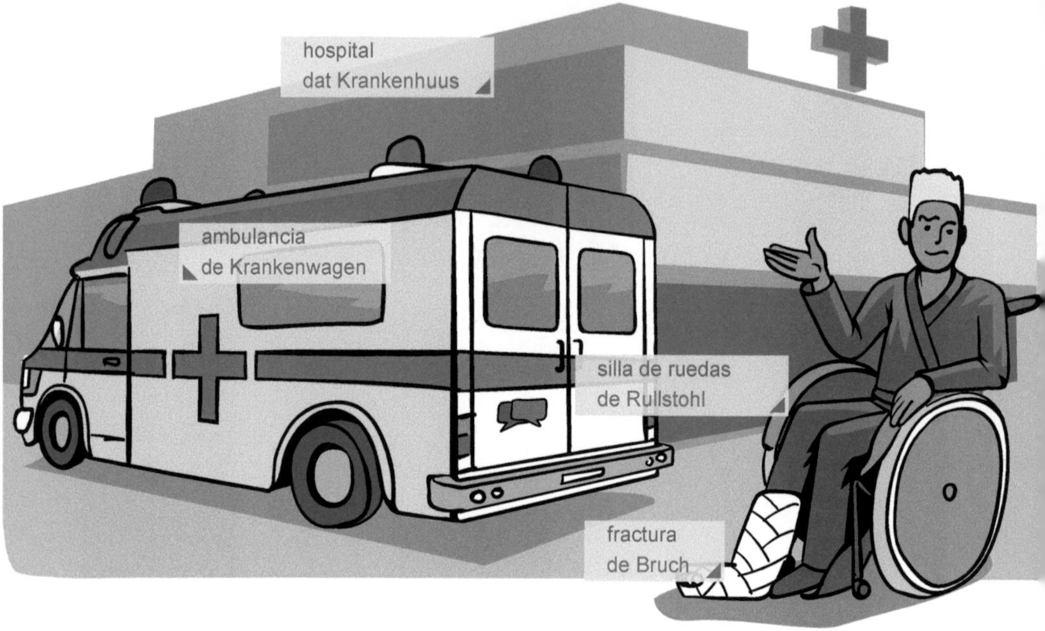

hospital
dat Krankenhuus
ambulancia
de Krankenwagen
silla de ruedas
de Rullstohl
fractura
de Bruch

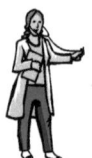

médico

de Dokter

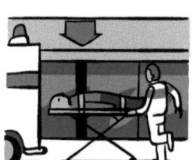

sala de urgencias

de Nootopnahm

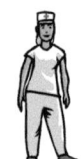

enfermera

de Krankensüster

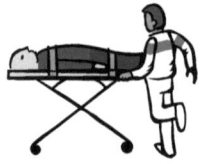

urgencia

de Nootfall

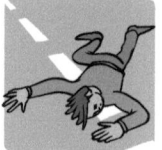

inconsciente

ahnmächtig

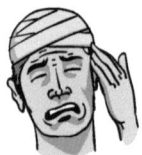

dolor

de Wehdaag

lesión
de Verwunnen

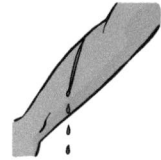

hemorragia
de Blöden

infarto
de Hartinfarkt

ictus
de Slaganfall

alergia
de Allergie

tos
de Hoosten

fiebre
dat Fever

gripe
de Gripp

diarrea
de Dörchfall

dolor de cabeza
de Koppwehdaag

cáncer
de Kreeft

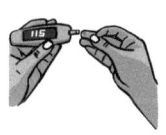

diabetes
de Zuckersüük

cirujano
de Chirurg

bisturí
dat Chirurgsch Mess

operación
de Operatschoon

TAC

dat CT

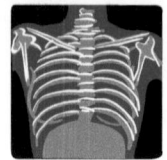

rayos x

de Dörchlüchten

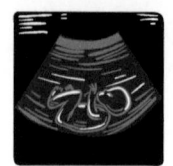

ultrasonido

de Ultraschall

mascarilla

de Mask

enfermedad

de Krankheit

sala de espera

de Töövruum

muleta

de Krück

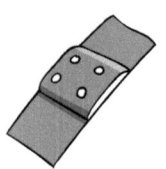

tirita

dat Plaaster

venda

de Verband

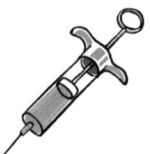

inyección

de Insprütten

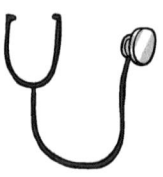

estetoscopio

dat Stethoskop

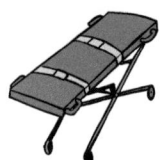

camilla

de Draag

termómetro

dat Feverthermometer

nacimiento

de Geboort

sobrepeso

dat Övergewicht

audífono
de Höörapparat

desinfectante
dat Kiemfriemiddel

infección
de Ansteken

virus
de Virus

VIH / SIDA
dat HIV / AIDS

medicina
dat Heelmiddel

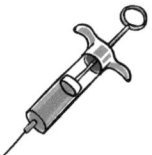

vacunación
de Impen

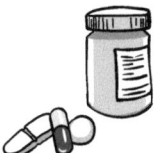

tabletas
de Tabletten

pastilla
de Pill

llamada de urgencia
de Nootroop

tensiómetro
de Blootdruck-Meter

enfermo / sano
krank / gesund

¡Socorro!

Hölp!

alarma

de Alarm

asalto

de Överfall

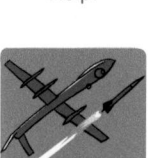

ataque

de Angreep

peligro

de Gefohr

salida de emergencia

de Nootutgang

¡Fuego!

dat Füer!

extintor de incendios

de Füerlöscher

accidente

de Unfall

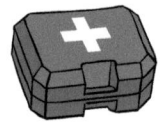

botiquín de primeros auxilios

de Noothölpkoffer

SOS

SOS

policía

de Polizei

Europa

Europa

Norteamérica

Noordamerika

Sudamérica

Süüdamerika

África

Afrika

Asia

Asien

Australia

Australien

Atlántico

de Atlantik

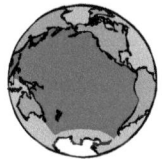

Pacífico

de Pazifik

Océano Índico

dat Indisch Weltmeer

Océano Antártico

dat Antarktisch Weltmeer

Océano Ártico

dat Arktisch Weltmeer

polo norte

de Noordpol

polo sur
....
de Süüdpol

Antártida
....
de Antarktis

tierra
....
de Eerd

tierra
....
dat Land

mar
....
de See

isla
....
dat Eiland

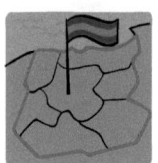

nación
....
de Natschoon

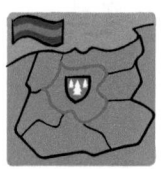

estado
....
de Staat

esfera

dat Tallenblatt

manecilla de las horas

de Stunnenwieser

minutero

de Minutenwieser

segundero

de Sekunnenwieser

¿Qué hora es?

Wo laat is dat?

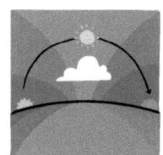

día

de Dag

tiempo

de Tiet

ahora

nu

reloj digital

de digetaalsch Klock

minuto

de Minuut

hora

de Stunn

semana
de Week

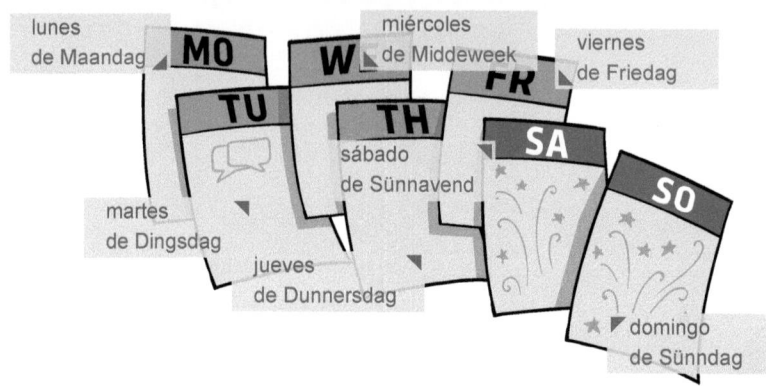

lunes
de Maandag

MO

TU

martes
de Dingsdag

W

miércoles
de Middeweek

TH

jueves
de Dunnersdag

sábado
de Sünnavend

FR

viernes
de Friedag

SA

SO

domingo
de Sünndag

ayer

güstern

hoy

hüüt

mañana

morgen

mañana

de Morgen

mediodía

de Meddag

tarde

de Avend

días laborables

de Arbeitsdaag

fin de semana

dat Wekenenn

año

dat Johr

lluvia
de Regen
arcoíris
de Regenbagen
nieve
de Snee
viento
de Wind
primavera
dat Fröhjohr
otoño
de Harvst
verano
de Sommer
invierno
de Winter

4.APRIL 11°
5.APRIL 4°
6.APRIL 13°
7.APRIL 8°
8.APRIL 10°

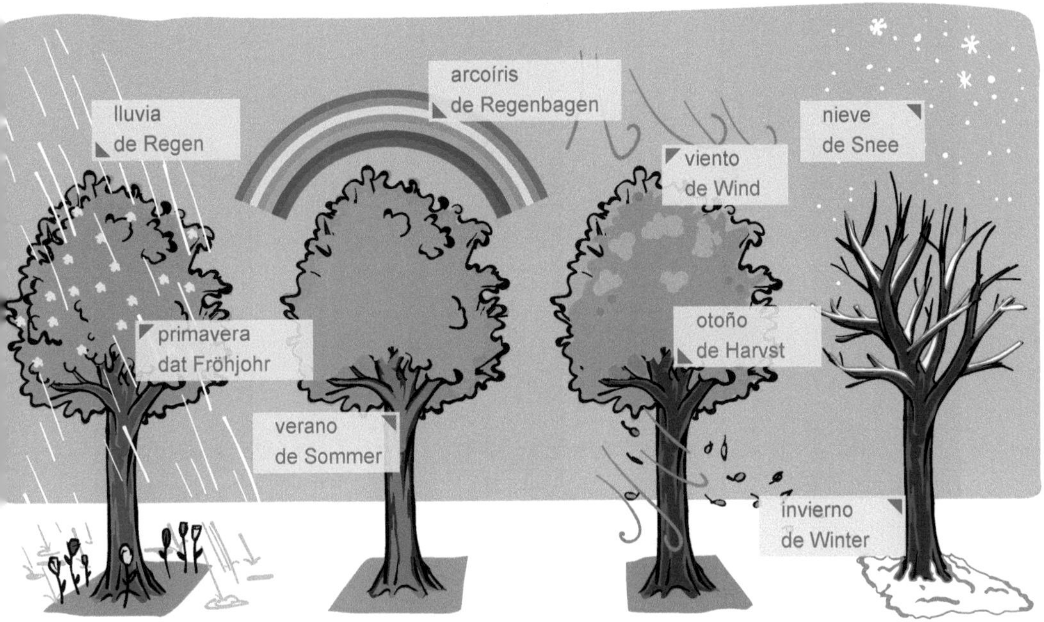

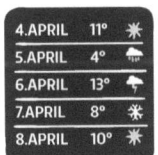

pronóstico del tiempo

de Wedervörhersaag

F C
120 90 60 30 0 -30
40 30 20 10 0 -10 -20

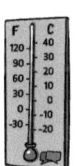

termómetro

dat Thermometer

sol

de Sünnenschien

nube

de Wulk

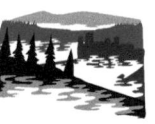

niebla

de Nevel

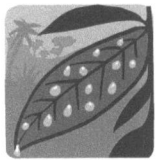

humedad

de Luftfuchtigkeit

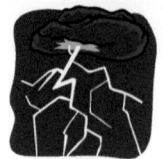

rayo

de Blitz

trueno

de Dunner

tormenta

de Storm

granizo

de Hagel

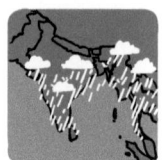

monzón

de Monsun

inundación

de Floot

hielo

dat Ies

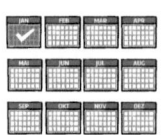

enero

de Januormaand

febrero

de Februormaand

marzo

de Martmaand

abril

de Aprilmaand

mayo

de Maimaand

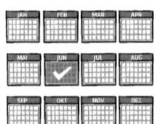

junio

de Junimaand

julio

de Julimaand

agosto

de Augustmaand

septiembre
....
de Septembermaand

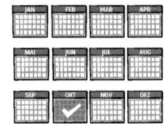

octubre
....
de Oktobermaand

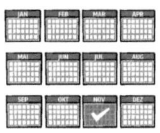

noviembre
....
de Novembermaand

diciembre
....
de Dezembermaand

formas
de Formen

círculo
....
de Krink

cuadrado
....
dat Quadrat

rectángulo
....
dat Rechteck

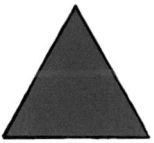

triángulo
....
dat Dreeeck

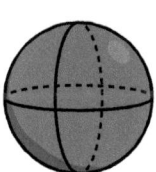

esfera
....
de Kugel

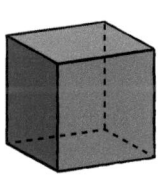

cubo
....
de Wörpel

blanco

witt

amarillo

geel

anaranjado

orangsch

rosa

pink

rojo

root

morado

lila

azul

blau

verde

gröön

marrón

bruun

gris

gries

negro

swart

mucho / poco

veel / wenig

enojado / tranquilo

böös / verdreeglich

bonito / feo

smuck / mies

principio / fin

de Begünn / dat Enn

grande / pequeño

groot / lütt

claro / oscuro

hell / düüster

hermano / hermana

de Broder / de Süster

limpio / sucio

schier / schietig

completo / incompleto

kumpleet / nich kumpleet

día / noche

de Dag / de Nacht

muerto / vivo

doot / lebennig

ancho / estrecho

breet / small

comestible / no comestible

geneetbor / nich geneetbor

malo / amable

böös / fründlich

entusiasmado / aburrido

fickerig / langwielt

gordo / delgado

dick / dünn

primero / último

toeerst / toletzt

amigo / enemigo

de Fründ / de Fiend

lleno / vacío

vull / leddig

duro / blando

hart / week

pesado / ligero

swoor / licht

hambre / sed

de Smacht / de Döst

enfermo / sano

krank / gesund

ilegal / legal

nich na't Recht / na't Recht

inteligente / tonto

klook / dummerhaftig

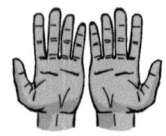

izquierda / derecha

linkerhand / rechterhand

cerca / lejos

neeg / feern

nuevo / usado
....
nieg / bruukt

nada / algo
....
nix / wat

viejo / joven
....
oolt / jung

encendido / apagado
....
an / ut

abierto / cerrado
....
apen / slaten

silencioso / ruidoso
....
lies / luut

rico / pobre
....
riek / arm

correcto / incorrecto
....
richtig / verkehrt

áspero / suave
....
ruug / glatt

triste / contento
....
trurig / glücklich

corto / largo
....
kort / lang

lento / rápido
....
suutje / flink

húmedo / seco
....
natt / dröög

cálido / frío
....
warm / köhl

guerra / paz
....
de Krieg / de Freden

0

cero

null

1

uno

een

2

dos

twee

3

tres

dree

4

cuatro

veer

5

cinco

fief

6

seis

söss

7

siete

söven

8

ocho

acht

9

nueve

negen

10

diez

teihn

11

once

ölven

12	**13**	**14**
doce	trece	catorce
twölf	dörteihn	veerteihn

15	**16**	**17**
quince	dieciséis	diecisiete
föffteihn	sössteihn	söventeihn

18	**19**	**20**
dieciocho	diecinueve	veinte
achtteihn	negenteihn	twintig

100	**1.000**	**1.000.000**
cien	mil	millón
hunnert	dusend	million

inglés
....
dat Engelsch

inglés americano
....
dat Amerikaansch Engelsch

chino mandarín
....
dat Chineesch Mandarin

hindi
....
dat Hindi

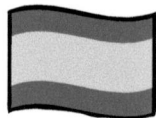

español
....
dat Spaansch

francés
....
dat Franzöösch

árabe
....
dat Araabsch

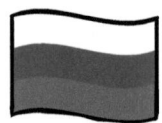

ruso
....
dat Rusch

portugués
....
dat Portugiesch

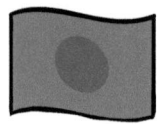

bengalí
....
dat Bengaalsch

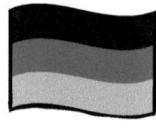

alemán
....
dat Düütsch

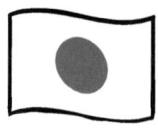

japonés
....
dat Japaansch

yo

ik

tú

du

él / ella / ello

he / se / dat

nosotros/as

wi

vosotros/as

ji

ellos/as

se

¿quién?

keen?

¿qué?

wat?

¿cómo?

woans?

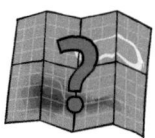

¿dónde?

woneem?

¿cuándo?

wannehr?

nombre

de Naam

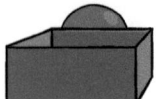

detrás

achter

en

in

delante de

vör

por encima de

över

sobre

op

debajo de

ünner

junto a

blangen

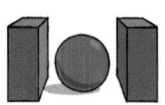

entre

twüschen

lugar

de Oort